La Piedad se llama Dalila

Mercy is Named Delilah

La Piedad se llama Dalila
Mercy is Named Delilah

Julio Antonio Molinete

Ediciones Laponia
Houston, TX
2020

© Julio Antonio Molinete, 2020
© Ediciones Laponia, LLC, 2020 (sobre la presente edición/this edition)

Título/Title: *La Piedad se llama Dalila/Mercy is Named Delilah*
Autor/Author: *Julio Antonio Molinete*

Edición y corrección /Copy-editing and proofreading
Español/Spanish: *Whigman Montoya Deler*
Inglés/English: *Jorge Venereo Tamayo*

Ilustraciones/Illustrations: Amarilis Veliz Diepa
Traducción/Translation: Joseph Michael McBirnie
Diseño editorial/Book design: Jorge Venereo Tamayo

1ra edición/1st edition: 2002, Ediciones Bayamo

Todos los derechos reservados. Prohibida la reproducción total o parcial de este libro sin autorización expresa del autor.

All rights reserved. This book or any portion thereof may not be used in any manner whatsoever without the express permission of the author.

Catalogación en la Biblioteca del Congreso /Cataloging in the Library of Congress: LCCN # 2020933825

ISBN: 1-7339540-7-4
ISBN-13: 978-1-7339540-7-5

Impreso en los E.U.A./Printed in the USA

Publicado por/Published by:
Ediciones Laponia, LLC
Houston, Texas, E.U.A.
info@edicioneslaponia.com
www.edicioneslaponia.com

Índice/Table of contents

La madre espera la sustancia oportuna 14
The mother awaits the timely nourishment 15
Descansa el jubileo de tus lágrimas 18
The joy of your tears rests 19
Hay más de un corazón en mí 20
There's more than one heart in me 21
El mundo conozca mi gozo 22
May the world know my delight 23
Quisieron tatuar escarnios en tu alma 24
They wanted to tattoo jibes on your soul 25
Su andar reparte la demencia 28
Her walk delves out dementia 29
He pregonado madrugadas enteras mi nostalgia 30
I've proclaimed day and night my longing 31
Me sorprende el misterio de la ortiga 32
The nettle's mystery surprises me 33
Después de la última batalla 34
After the last battle 35
Vinieron gaviotas a mis manos 36
The seagulls came to my hands 37
He visto a una mujer con piel de sidra 40
I've seen a woman with cider skin 41
Oveja del valle de Sorec 42
Sheep of the valley of Sorek 43
Y apareces 44
And you appear 45
En tu ventana el sol hace otros amaneceres 46
In your window, the sun makes other dawns 47
No alcanzan los días para derramarme 48
The days don't manage to pour me 49
Me persiguió el deseo hasta acorralarme 52
Desire pursued me until it corralled me 53
Viene Dalila 54
Delilah comes 55
Quién podrá detener la palabra en sus cristales 56

Who may detain the word in her panes 57
Deambulando entre palabras 58
Wandering between words 59
Llueve la sangre en el ritual voraz de la traición 60
Blood rains on the voracious ritual of treason 61
Besas mis ojos 62
You kiss my eyes 63
Me escondo bajo el árbol 66
I hide beneath the tree 67
Luz, me hieres los recuerdos 68
Light, you wound my memories 69
Traigo estrellas en mis manos 70
I swallow stars in my hands 71
Besad las manos de la que peinaba mis guedejas 72
May you kiss the hands that combed my locks 73
Oh, madre, desando en la obscuridad 74
O mother, retracing in the darkness 75
Estás hilvanado mi imagen inconclusa 76
You are tacking my unfinished image 77
He abierto el libro de las lamentaciones 80
I've opened the book of lamentations 81
El riesgo es uno 82
The risk is one, one 83
Desprendedme el último latido 84
May the last heartbeat part from me 85
Buscad mi rostro en el silencio 86
May you seek my face in the silence 87

*A mi madre, la luz
de mis ojos; el latir
más suave de mi pecho*

*To my mother, the light
of my eyes, the softest
beat of my chest*

Y había un hombre de Zora,
de la tribu de Dan,
el cual se llamaba Manoa;
y su mujer era estéril,
y nunca había tenido hijos.

Jueces 13:2

There was a certain man of Zorah,
of the tribe of the Danites,
whose name was Manoah.
His wife was barren,
having borne no children.

Judges 13:2

La madre espera la sustancia oportuna.
Ninguna voz se escucha y el silencio...
                    peligro de la suerte.
Vaga el miedo entonando su canción
 Y se indefine como otra orilla.
Es el dolor: filo terrible de los cuerpos.

The mother awaits the timely nourishment.
Not a voice is heard and the silence…
 peril of chance.
Fear roams, intoning its song,
as indefinite as another shore.
It is pain: the bodies' terrible edge.

*Pues he aquí que concebirás
y darás a luz un hijo:
y navaja no pasará sobre su cabeza,
porque el niño será nazareo (...)*

Jueces 13:3

*You shall conceive
and bear a son...
No razor is to come on his head,
for the boy shall be a Nazirite.*

Judges 13:3-4

Descansa el jubileo de tus lágrimas,
Dios hará de ellas una gema extraída de los mares.
Oh, mujer, guarda los votos,
lustra el gesto en las mañanas
y anuncien tu alegría en Zora.
Oh, mujer, ya viene el emisario,
su aspecto anuncia una luz.
Oh, mujer, despierta, despierta un hosanna.

The joy of your tears rests.
God will turn them into a gem extracted from the seas.
O woman, keep your vows,
brandish your movements in the morning,
and they'd announce your happiness in Zora.
O woman, an emissary is coming,
his appearance heralding a light.
O woman, wake, wake a hosanna.

Hay más de un corazón en mí.
La sangre moldea otra sangre
y siento leones en el cuerpo.
Hay más de una luz
y puedo ver desiertos,
corazones contra estrellas.
Hay otros pies,
teas encendidas
buscando la infinitud de las aguas.
Hay otro dolor, mas prefiero la risa.

There's more than one heart in me.
Blood molds another blood,
and I feel lions in my body.
There's more than one light,
and I can see deserts,
hearts against the stars.
There's other feet,
ignited torches
searching for the waters' infinite.
There's other pain, yet I prefer the laughter.

El mundo conozca mi gozo.
Las mujeres que me escarnecían proclamen la paz.
Fui higuera donde ahorcaban el orgasmo
                              de los hombres,
el clamor de los hijos en la conciencia.
Fui la muerte antes de nacer,
mas el enigma halló en la escucha de Dios
los estertores del tiempo.

May the world know my delight.
May the women that were scorning me proclaim peace.
I was a fig tree where they'd lynch the orgasm
                                                of men
the clamor of the children in their conscience.
I was death before I was born,
yet the cipher found in God's hearing
the rattle of time.

Quisieron tatuar escarnios en tu alma.
Fueron las horas dinastía que en tus párpados
                              hizo ausencias,
empeño de fantasmales conciertos.
Quisieron desmigajar tus plegarias,
elocuente rezo,
manos extendidas como quien busca socorro.
Quisieron transgredir tu oficio,
todo empeño de Dios.

They wanted to tattoo jibes on your soul.
They were the dynastic hours that in your eyelids
                              made absences,
the pledge of ghostly concerts.
They wanted to crumble your pleading,
eloquent prayer,
hands extended as one who looks for recourse.
They wanted to violate your profession,
every pledge of God.

*Y la mujer dio a luz un hijo,
y le puso por nombre Sansón.
Y el niño creció,
y Jehová lo bendijo*

Jueces 13:24

*The woman bore a son
and named him Samson.
The boy grew,
and the Lord blessed him.*

Judges 13:24

Su andar reparte la demencia.
Conoce el éxtasis del enjambre.
Hace tañer su guitarra y los cielos no responden.
Una palabra del hijo es pozo de jacintos
donde los leones calman su sed.
La otra mitad del corazón es sándalo en el camino
donde muchas aves pasaron el invierno.
El corazón del hijo gime:
¿Dónde encontrar unos pechos que calmen
                    el hambre de esta soledad
y no me coloquen al borde del abismo?

Her walk delves out dementia.
She knows the rapture of the swarm.
She sounds her guitar, and the heavens don't respond.
A word from a son is a well of hyacinths
where the lions calm their thirst.
The other half of the heart is a sandal in the road
where many birds have wintered.
The son's heart sighs:
Where do I find some breasts that might calm
                            the hunger of this solitude,
that won't hang me on the brink of the abyss?

He pregonado madrugadas enteras mi nostalgia.
Encuentro silencios y el andar se diluye.
Desnudo el pecho.
En todas partes la gente queda sin respuestas.
Voy alucinado por voces que enmascaran la realidad.
La ausencia me persigue
me lanzo a sus senos y sigo, hombre solitario,
tras una flor sin rostro, transitando la ciudad.

I've proclaimed day and night my longing.
I meet silences, and walking dilutes itself.
I bare my chest.
Everywhere the people remain without answers.
I go, dazed by voices that mask reality.
The absence pursues me.
I pounce on its breasts and follow, a lonely man,
a flower without a face, passing the city.

Me sorprende el misterio de la ortiga,
con su vestidura de inocencia.
Me alucinan torbellinos,
gigantescas montañas en el recuerdo,
el imperio de la oruga por mi piel.
Me alientan las puertas que se abren,
la miel de las abejas,
la mesa servida.
Me hacen soñar los amigos,
las noches claras compartidas,
el salmo que cantan las mujeres.

The nettle's mystery surprises me
with its apparel of innocence.
Whirlwinds daze me,
gigantic mountains in memory,
the reign of the wrinkle by my skin.
The opening doors encourage me,
the honey of the bees,
the set table.
Friends make me dream,
the clear nights shared,
the psalm the women sing.

Después de la última batalla
la madre se vuelve suspiros y llanto.
El padre exhibe su orgullo a los amigos.
La búsqueda me inquieta
como mujer desnuda.

After the last battle,
the mother becomes sighs and sobs.
The father shows his pride to friends.
The search worries me
like a naked woman.

Vinieron gaviotas a mis manos
y en su adiós
tejieron caprichosas telarañas.
Vinieron caballos coronados de batallas
y en su adiós,
supe caricias de peñascos.
Vinieron sol y luna a mi ventana inquisidora
y en su adiós
volvieron eternas pesadillas.
Vinieron torbellinos y adagios,
silencios,
cumbres,
lluvias.
Vino el peligro del amor.

The seagulls came to my hands
and in their goodbye
wove capricious cobwebs.
Horned battle horses came,
and in their goodbye,
I knew the caresses of the crags.
The sun and moon came to my inquisitive window
and in their goodbye
returned eternal nightmares.
The whirlwinds and adagios came,
silences,
summits,
rains.
The danger of love came.

*(...) aconteció que se enamoró
de una mujer en el valle de Sorec,
la cual se llamaba Dalila.*

Jueces 16:4

*After this he fell in love
with a woman in the valley of Sorek,
whose name was Delilah.*

Judges 16:4

He visto a una mujer con piel de sidra,
con ojos de mansa paloma.
Es un enigma.
Quiero devorarle los pies
con la dulzura de un varón demente.
Tomad a esta mujer que despedazó mi soledad
y me ha hecho descender los montes como león
tras el rastro que dejan sus caderas.

I've seen a woman with cider skin,
with eyes of docile doves.
She is a cipher.
I want to devour her feet
with the sweetness of a demented gentleman.
May you take this woman who tore apart my loneliness
and who has made me descend the hills, lion-like,
through the track her hips leave.

Oveja del valle de Sorec,
conquistaré los cielos si me besas,
sólo si me besas.
En mi viña el pasto es como la mañana:
Cantar de tórtolas y flores silvestres.
La mirra y el incienso adornan las guedejas del aire
y las tiendas son como el monte Líbano.
El gozo de los sueños hará en tu paladar
un manojito con zarcillos de plata
y tu piel será vestida con el lino finísimo
                                          de mis labios.
Oveja de mi rebaño,
conquistaré los cielos si me besas.

Sheep of the valley of Sorek,
I will conquer heaven if you kiss me,
only if you kiss me.
In my vineyard, the pasture is like the morning:
song of turtledoves and wildflowers.
The myrrh and incense adorn the locks of air,
and the tents are like Mount Lebanon.
The joy of dreams will leave you with the taste
of a little handful of silver earrings,
and your skin will be dressed in the finest linen
                                          of my lips.

Sheep of my flock,
I will conquer heaven if you kiss me.

Y apareces,
con pandero de sándalo y oro,
con panales que anuncian el canto
                    en mi garganta,
la gema en el ombligo,
las brasas del amanecer.
Eres cumbre.
Soy bonanza.
Y beso tus pies
como la madre besará los míos.

And you appear
with tambourine of sandalwood and gold
with honeycombs that announce the song
in my throat,
the gem in my navel,
the embers of the dawn.
You are the peak.
I am prosperity.
And I kiss your feet
like the mother will kiss mine.

En tu ventana el sol hace otros amaneceres
Y el ungüento de tus labios me desnuda.
Mujer sahumada en flores y muerte.
Ten piedad de mi nardo de varón y vuelve,
que hay fuego en las colas de las zorras.

In your window, the sun makes other dawns,
and the salve of your lips strips me.
Perfumed women in flowers and death.
Have mercy on me, spikenard of man, and return,
for there's fire on the foxes' tails.

No alcanzan los días para derramarme
                              en tu forma animal
y renunciar al verbo conjugado en todas las personas.
Cada uno encuentra su imagen en la brecha
                              que conduce al Paraíso:
puedes tocar la osamenta feroz
                              donde se esconde mi alma.
Nos favorece el fuego, ese fluir de criaturas
                              en el ánfora,
el monstruo del amor desgarrando el árbol de la vida.

The days don't manage to pour me
                         into your animal form
or to renounce the verb conjugated in every person.
Each one finds its image in the rift
                         that leads to Paradise:
you can touch the ferocious skeleton
                                 where my soul hides.
The fire favors us, this flowing of creatures
                           in the amphora,
the monster of love mauling the tree of life.

Viendo Dalila que él le había descubierto todo su corazón (...) hizo que él se durmiese sobre sus rodillas, y llamó a un hombre, quien le rapó las siete guedejas de su cabeza (...)

Jueces 16:18-19

When Delilah realized that he had told her his whole secret... she let him fall asleep on her lap; and she called a man, and had him shave off the seven locks of his head.

Judges 16:18-19

Me persiguió el deseo hasta acorralarme
en los muros de la ciudad.
Las vestiduras de la noche fueron las mías
y la verdad, el pretexto de los cuerpos.
Cuando fui de estrella en Estrella
me engendré solitario
y el gemir eterno del barro me sedujo.
La palabra marcó el camino del hombre:
                                        la cruz.
Mas la piedad en algún lugar posible se suicida.

Desire pursued me until it corralled me
in the walls of the city.
The night's apparel was mine
and the truth, bodies' pretext.
When I went from star to star
I begot myself alone,
and the eternal moaning of the mud seduced me.
The word marked man's road:
                                        the cross.
Yet mercy in some plausible place commits suicide.

Viene Dalila
sus pasos marcan huellas en el tiempo.
El signo de su boca tiene la última revelación.
Camina
retoza encima de la felicidad
y rasga el lienzo.
Dalila luce otra imagen en el rostro
que deja ver la ola de su juego.
Se descalza,
camina hasta el perfil del verdugo
envuelta en sombras.

Delilah comes
her steps leave tracks in time.
The sign of her mouth has the last revelation.
She walks,
gambols near happiness
and rips the canvas.
Delilah shines another image on her face
that reveals the drift of her game.
She bares her feet,
walks toward the executioner's profile,
wrapped in shadows.

Quién podrá detener la palabra en sus cristales,
el desprendimiento de los dardos.
Quién podrá exhumar la fruta de su estómago,
el intento de la música en los mimbres.
Quién alcanzará la virtud del equilibrio,
el criterio sin defectos en el hábito.
Será su pensamiento
            más allá de los pasos discordantes,
del rostro hendido en la máscara.

Who may detain the word in her panes,
the detachment of the darts.
Who may exhume the fruit of her stomach,
music's intent in wicker.
Who may reach equilibrium's virtue,
the criterion without defects in dress.
It will be your thought
            further than the discordant steps,
of the cleft face in the mask.

Deambulando entre palabras,
en la incoherencia de ser
y no ser el hombre, el guerrero, el dios.
Maldito en el Paraíso
donde sus fuentes son como las de Mara,
mas las bebo,
las bebo hasta quedar dormido de tanta oquedad.
Preso de amargura y placer.
Palabras...
Vuelven palabras al recuerdo que incita la nostalgia
y resuenan cual campanadas apocalípticas.

Quien inventó la luz de las palabras,
no midió el tropel de sus tinieblas.

Wandering between words,
in the incoherence of being and not being
man, warrior, god.
Cursed in Paradise
where its fountains are as those of Mara,
but I drink them,
I drink myself to sleep by such hollowness.
Prisoner of bitterness and pleasure.
Words...
Words return to the memory that provokes nostalgia
and resound as apocalyptic peals.

He who invented the light of words
didn't measure the horde of their shadows.

Llueve la sangre en el ritual voraz de la traición,
en el verso peregrino de los labios.
Llueve la espera en el costado,
en la existencia del grito
que marcha rumbo al desierto de los hombres.
Llueven las monedas y la mujer desviste su cuerpo.

Blood rains on the voracious ritual of treason,
in the pilgrim verse of lips.
Wait rains on the flank,
on the existence of a scream
that drifts towards the desert of men.
Coins rain, and the woman undresses her body.

Besas mis ojos
y el paisaje se transforma en mar de escombros,
reino que cuelga del abismo.
Haces conjuros y la madre se descarna.
Entonas la balada silenciosa de la consumación,
preguntas que vuelven al silencio
y alargan esta jaula.

Reconozco el pulso de Dios.

You kiss my eyes,
and the landscape transforms into a sea of debris,
a realm that hangs from the abyss.
You conjure and the mother is discarded.
You intone the silent ballad of consummation,
questions that return to silence
and extend this cage.

I recognize the pulse of God.

Mas los filisteos le echaron mano,
y le sacaron los ojos, (...)
y le ataron con cadenas
para que moliese en la cárcel.

Jueces 16:21

So the Philistines seized him
and gouged out his eyes...
and bound him with bronze shackles;
and he ground at the mill in the prison.

Judges 16:21

Me escondo bajo el árbol,
insignificante juego de reptiles.
Un arpegio como de pájaros distrae los oídos
y mi alma hace el silencio más profundo.
Una mujer me besa.
Un hombre me castiga.
La higuera no cubre la desnudez
y el polvo ruega la piedad de los caballos.
En las estrellas se esculpe la sentencia.
Soy el hijo pródigo.
No habrá anillo en mi mano,
ni macho cabrío en el banquete.

Ya no puedo mirar las manos de Dios.

I hide beneath the tree,
insignificant game of reptiles.
An arpeggio like the birds' distracts the ears,
and my soul makes the silence more profound.
A woman kisses me.
A man punishes me.
The fig tree doesn't cover nudity,
and the dust begs mercy from the horses.
In the stars the sentence is sculpted.
I am the prodigal son.
There'll be no ring on my hand
or kid at the banquet.

Now I can't see the hands of God.

Luz, me hieres los recuerdos.
Los cuervos sacian la sed en mis pupilas
y el manantial en las cuencas no calma.
Siento aletear sus garras,
dan caricias de dolor.
El pico de los cuervos me maldice
y el verdugo aguarda en la distancia.

Light, you wound my memories.
The crows quench their thirst on my pupils,
and the spring in the basins doesn't calm.
I feel its talons flap;
they give caresses of pain.
The crows' beaks curse me,
and the executioner lies ahead.

Traigo estrellas en mis manos,
apagadas luciérnagas que burló la noche.
Como me duelen las manos
me arrancaron la mitad del palpitar,
el flujo audaz que inunda a los valientes.
¿Qué nostalgia invade el templo de mi alma?
¿Qué gemir callado me consume?
Dalila, toma mi ofrenda:
¡Tuyos son mis ojos!

I swallow stars in my hands,
extinguished fireflies that the night outwit.
How my hands hurt
they ripped out half their throbbing.
The daring flow that floods the brave.
What nostalgia invades the temple of my soul?
What hushed sigh consumes me?
Delilah, take my offering:
My eyes are yours!

Besad las manos de la que peinaba mis guedejas,
sigue trenzando en los aires.
Besad, besad los pies
de la que anduvo las callejuelas de mi alma,
dad un poco de consuelo a la amargura
que engendró en sus entrañas,
al vacío que lleva en su vientre.

No conocí la dicha que le causó la traición
mas supe de legiones desbocadas
por el valle de la muerte.

May you kiss the hands that combed my locks,
keep braiding in the air.
May you kiss, kiss the feet
of her who traveled the alleys of my soul,
may you give a little consolation to the bitterness
that conceived in her depths,
to the emptiness that she carries in her womb.

I didn't know the bliss that caused her betrayal
but found out about the runaway legions
through the valley of death.

Oh, madre, desando en la obscuridad
mas puedo verte en naufragios de lágrimas,
vestida de silicio.
Oh, diadema mía,
llevo esculpido tu nombre
y sé que mi dolor es tu dolor.
Soy manta interminable que se extiende
para hacerte sentir agasajada en el espejo,
mas se hizo añicos
y del valiente solo queda su historia.
Oh, madre,
vas protegida en mí
y estoy a punto de traerte al mundo.

O mother, retracing in the darkness
but I can see in the wreck of tears,
clothed by silicon.
O my diadem,
I carry your name sculpted
and know that my pain is your pain.
I am an interminable shawl that stretches
to make you feel lavished in the mirror,
but it shattered to pieces
and from the valiant only his story remains.
O mother,
you go protected in me,
and I am about to bring you into the world.

Estás hilvanado mi imagen inconclusa
en el sarcasmo del tiempo.
El incienso de mis ojos es un canto a tus espaldas.
Líbrame del vicio de ahogarme
                             en antiguos naufragios.
Soy Sansón en tus pupilas,
la esperanza del demente en la palidez del poeta,
intruso que en la noche escandaliza
                         el equilibrio de los cuerpos.
Ven a mí, que la muerte me hará hombre
y ella tiene la forma de mis manos.

You are tacking my unfinished image
onto the sarcasm of time.
The incense of my eyes is a song on your shoulders.
Free me from the vice of drowning me
                                       in ancient wrecks.
I am Samson in your pupils,
the hope of the demented in the poet's paleness,
intruder that nightly scandalizes
                                       the equilibrium of bodies.
Come to me, so that death will make a man of me,
and she takes the form of my hands.

Y dijo Sansón:
Muera yo con los filisteos.
Entonces, se inclinó con toda su fuerza,
y cayó la casa (...)

Jueces 16:30

Then Samson said, 'Let me die with the
Philistines.' He strained with all his
might; and the house fell on the lords
and all the people who were in it...

Judges 16:30

He abierto el libro de las lamentaciones
y tiembla todo en mí,
como el monte Sinaí en las fauces de Dios.
¿Valdrá el intento de los votos,
y las grandes promesas?
¿Valdrá vaciar el odre en los rincones del alma?
Hay demasiado mosto en el camino
y la historia tiene sellado su final.

I've opened the book of lamentations
and everything in me trembles,
like Mount Sinai in the jaws of God.
Will vows' intent be worth it?
And the great promises?
Will it be worth it to empty the wineskins in the corners
/of the soul?

There's too much must in the road,
and the story's end is sealed.

El riesgo es uno,
un solo olvido,
un solo hombre,
una multitud desenfrenada,
una la espera.
Correré la misma suerte
y esta vez me basta el hálito de Dios,
el oído aguzado de su escucha.

The risk is one, one
sole forgetting,
one sole man,
one unbridled multitude,
one hope.
I'll suffer the same fate,
and this time the breath of God suffices,
the sharpened sound of listening.

Desprendedme el último latido,
diga vasta el pecho
y naufrague en el océano del silencio
esta inquietud que me hiere.
Volveré al emisario que anunció mi llegada
y seré el mismo grano en el desierto del dolor.
Vuelva el pez a su estanque
y acaricien las aguas la pesada cruz que me castiga.
Dadme tan solo una mañana, un rayo de luz
y seré el último verso del salmo.

May the last heartbeat part from me,
may my chest say enough
and shipwreck in the ocean of silence
this restlessness that injures me.
I will return to the emissary that announced my coming
and be the same grain in the desert of pain.
May the fish return to the tank
and the waters caress the heavy cross that punishes me.
Grant me only one morning, a ray of light,
and I will be the last verse of the psalm.

Buscad mi rostro en el silencio,
en la demencia de los hermanos,
en la tranquilidad tormentosa de la madre.
Buscad mis manos en las bestias de la vida,
en los lugares donde los amigos sedujeron el olvido.
Buscad mi estómago en la sobrevivencia del cuervo,
en la multitud inútil de la infernal letanía.
Buscad mis pies tras las huellas del padre,
en el cuerpo desnudo de la muerte.

May you seek my face in the silence,
in the brothers' madness,
in the mother's tempestuous tranquility.
May you seek my hands in life's beasts,
in the places where friends seduce oblivion.
May you seek my stomach in the crow's survival,
in the useless multitude of the infernal litany.
May you seek my feet through the father's steps,
in the naked corpse of death.

*Y descendieron sus hermanos
y toda la casa de su padre, y le tomaron (...)
y le sepultaron entre Zora y Estaol,
en el sepulcro de su padre Manoa (...)*

Jueces 16:31

*Then his brothers and all his family
came down and took him...
and buried him between Zorah and Eshtaol
in the tomb of his father Manoah.*

Judges 16:31

Autor
Julio Antonio Molinete (Manzanillo, Cuba, 1968), poeta, narrador, periodista y documentalista. Máster en Bellas Artes en Escritura Creativa (bilingüe), Universidad de Texas en El Paso (2014) y acreedor de un premio *Lone Star Emmy* como productor de noticias (2019). Ha ganado premios como *Dulce María Loynaz* (2017), *BorderSenses* (2014) y *20 de octubre* (1999). Ha publicado varios poemarios, incluyendo "Brújula quebrada" (NEO Club Ediciones, 2017), "La piedad se llama Dalila" (Ediciones Bayamo, 2002) y "En coche por el arcoíris" (Ediciones Sanlope, 2000). Su obra se ha publicado en antologías, revistas literarias, tabloides y periódicos de Estados Unidos, Chile, España, Ecuador, Argentina y México.

Ilustraciones
Amarilis Veliz Diepa (Las Tunas, Cuba, 1957), artista, muralista e ilustradora. Estudió arte en la Escuela Nacional de Arte de La Habana y ha participado en unas cien exposiciones personales y colectivas en los Estados Unidos, Francia, Italia, Alemania, España, Checoslovaquia, Bélgica, Japón, Cuba, República Dominicana, Perú y México. Ganadora del Premio Internacional *Beato Angélico*, del Vaticano (2003). Reside en Port Saint Lucie, Florida.

Traducción
Joseph Michael McBirnie (El Paso, Texas, 1984), poeta, narrador y traductor de inglés, francés, árabe y español. Graduado de la Maestría en Bellas Artes en Escritura Creativa (bilingüe) de la Universidad de Texas en El Paso (2014), ha publicado en revistas literarias, antologías y periódicos de los Estados Unidos. Reside en El Paso, Texas.

Author
Julio Antonio Molinete (Manzanillo, Cuba. 1968), poet, narrator, journalist, and documentary maker. With an MFA in Creative Writing (bilingual) from UTEP (2014) and credited with a *Lone Star Emmy* as a news producer (2019), he has won literary awards such as *Dulce María Loynaz* (2017), *BorderSenses* (2014), and *October 20* (1999). He has published many books of poetry, including "Brújula Quebrada" (NEO Club Ediciones, 2017), "La piedad se llama Dalila" (Ediciones Bayamo, 2002), and "En coche por el arcoíris" (Editorial Sanlope, 2000). His work has been published in anthologies, literary magazines, tabloids, and newspapers in the United States, Chile, Spain, Ecuador, Argentina and Mexico.

Illustrations
Amarilis Veliz Diepa (Las Tunas, Cuba. 1957), artist, muralist and illustrator. She studied art at the National School of Art in Havana and has participated in about one hundred personal and collective exhibitions in the United States, France, Italy, Germany, Spain, Czechoslovakia, Belgium, Japan, Cuba, the Dominican Republic, Peru, and Mexico. Winner of the *Beato Angélico* International Prize from the Vatican (2003), she resides in Port Saint Lucie, Florida.

Translation
Joseph Michael McBirnie (El Paso, Texas. 1984), poet, narrator, and translator of English, French, Arabic, and Spanish. With an MFA in Bilingual Creative Writing from UTEP (2014), he has published in literary magazines, anthologies, and newspapers in the United States. He resides in El Paso, Texas.

La Piedad se llama Dalila/ Mercy is Named Delilah
de Julio Antonio Molinete concluyó su proceso editorial
en marzo de 2020 en la ciudad de Houston, Texas,
Estados Unidos de América

www.ingramcontent.com/pod-product-compliance
Lightning Source LLC
Chambersburg PA
CBHW070122110526
44587CB00017BA/3236